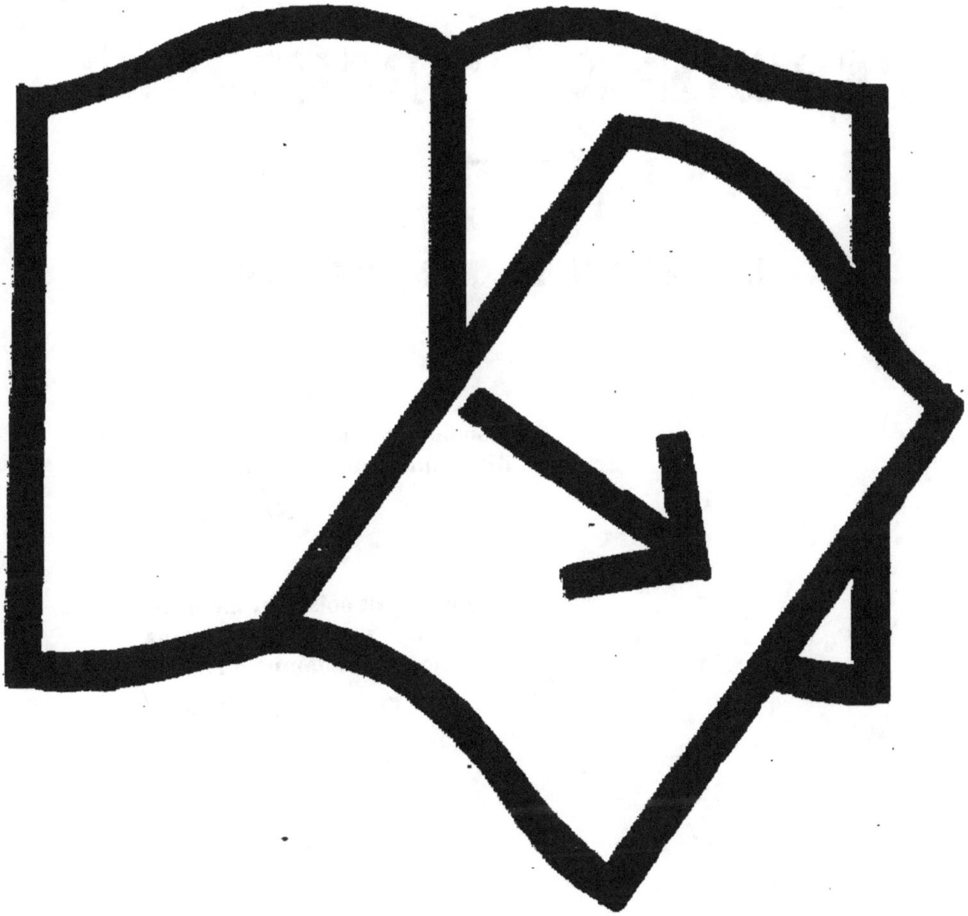

Couvertures supérieure et inférieure manquantes

PERCHE & PERCHERONS

—

LE CANTON DE MONDOUBLEAU

L'homme de génie en France, c'est celui
qui dit ce que tout le monde sait.

NISARD.

Qui que tu sois, qui me liras,
Lis-en le plus que tu pourras
Et ne me condamne qu'en somme.

Alf. DE MUSSET.

Tour de Mondoubleau — 1872

PERCHE

En 1889, M. le baron de Maricourt publiait dans le *Bulletin Archéologique du Vendômois*, un aperçu plein de poésie et d'humour sur le Perche, « ce joli coin de terre, administrativement rattaché à la Sologne, à la Beauce, à la vallée du Loir, mais essentiellement séparé de ces contrées par sa physionomie, sa culture, ses souvenirs, son langage même ».

En décembre 1889, nous trouvions sur la table d'un salon, une monographie rurale du Perche-Gouet, publiée récemment dans la *Réforme sociale* par M. le vicomte Jacques de Reviers, élève de Le Play. La pensée nous vint de résumer ces deux travaux sur ce « pays accidenté et pittoresque, qui avec ses frais vallons, ses coteaux couronnés de futaies, ses champs plantés de pommiers et entourés de haies touffues qui s'entrecroisent en tous sens, présente quelque analogie avec le bocage vendéen ».

De là, une étude fort succincte sur le *Perche et les Percherons* qui devient aujourd'hui le noyau d'un essai sur le canton de Mondoubleau, partie centrale des lambeaux du Perche rattachés au département de Loir-et-Cher.

La tâche nous sera facile. Depuis deux ans, l'attention est fixée sur le Perche. Placé au nord du département de Loir-et-Cher, il semble ratifier la parole de Voltaire :

C'est du Nord aujourd'hui que nous vient la lumière.

En outre de la *Semaine religieuse* qui lui ouvre largement ses colonnes depuis deux ans bientôt, le *Bulletin Vendômois* a publié sur le Cardinal et sur Guillaume et Martin du Bellay, gloires de Glatigny (Souday), des études magistrales de MM. Dupré et de Trémault. Jacques du Vendômois et ses assassins nous ont été présentés par deux historiens. Nous avons enfin des documents sur la famille de la Vove et le coup d'œil si complet de M. de Saint-Venant des hauteurs du Cormont sur toute la contrée.

Le Loir-et-Cher a fait plus. Il a accompli ce tour de force de publier un dictionnaire dont la lecture est pleine d'attraits ! Un dictionnaire qui fera époque ! Il est vrai qu'il s'agit d'un vocabulaire percheron. Jusqu'au misérable assassin de Bouffry qui, près de monter à l'échafaud, prétend que s'il a tué, ce n'est pas par *mauvaiseté* mais par *mauvais sang*. C'est la manière percheronne d'exprimer l'irresponsabilité des coupables.

     .·.

« La contrée appelée autrefois *Saltus Perticus* est un pays de bocage, d'un aspect riant et pittoresque, qui, par la nature et l'inégalité de son sol, par le charme de ses petites vallées et la beauté de ses prairies fermées de halliers et de rideaux d'arbres, rappelle la Normandie à laquelle il touche (Villes de France — 1867).

Il n'a pas une vingtaine de lieues dans tous les sens et contient les sources de six rivières, dont l'*Huisne* qui le divise en deux parties et le *Loir* qui sépare le Perche-Gouet de la Beauce.

De tout temps, on a reconnu au Perche des régions plus étendues que ses limites administratives. Il serait facile de prouver, par exemple, que borné administrativement par le Plessis-Dorin, Saint-Avit, le Gault et Arville, il s'étendait d'un côté jusqu'au Temple, de l'autre jusqu'à la Ville-aux-Clercs et même jusqu'à Fréteval et Châteaudun par Cloyes. L'archidiaconé de Châteaudun comprenait deux doyennés, l'un de Beauce, l'autre du Perche. Le prieuré de Guerreteau ou Guériteau sur Choue, près Mondoubleau, faisait partie du doyenné du Perche au XIII° siècle.

Nous avons dans le *Cartulaire de Marmoutier*, pour le Dunois (CLXX), la fondation du prieuré de Chauvigny *au Perche*, au commencement du XII° siècle. Nous trouvons à la même époque, dans une charte de Geoffroy, vicomte de Châteaudun : Fait au Temple, dans la *forêt du Perche. Actum in foresta que Perticus c'icitur in domo militum de Templo* Cette seule branche de la forêt du Perche, dite de Mondoubleau, comptait en 1381, d'après le *Rouge-livre*, 3,542 arpents. Henri IV la détruisit presque en entier, aimant mieux loger des hommes que des bêtes. En 1707, elle n'a plus que 400 arpents. Il en reste aujourd'hui à peine quelques vestiges.

M. le vicomte de Romanet, dans sa Géographie du Perche, publiée en fascicules à Mortagne, regarde la forêt de Fréteval comme un fragment de l'ancienne forêt du Perche.

En 1188, à l'époque de la lutte entre Philippe-Auguste et Richard-Cœur de-Lion, les magistrats, le clergé et les principaux bourgeois de Vendôme se réfugièrent dans un château caché *au milieu des bois du Perche*, nommé le Fort Girard, et dont la vaste enceinte, qui subsiste encore en partie pouvait contenir une nombreuse population. De ce fait, si l'on en croit la tradition, viendraient la fondation et le nom de la Ville-aux-Clercs, comme ayant servi de refuge aux clercs du pays, mot qui s'appliquait non-seulement aux ecclésiastiques, mais encore à tous les hommes lettrés. (Abbé Gaudron — *Diocèse de Blois*, p. 158).

En laissant de côté les Commentaires de César,

auxquels nous consacrerons un chapitre spécial, saint Grégoire de Tours (539-593), est le premier auteur qui parle du Perche.

« *Avitus, abbas carnoteni pagi quem Pertensem vocant (de gloriâ conf. XCIX)*. Avit, abbé d'un *pagus* dépendant de Chartres qu'on appelle du Perche. » Nous avons copié nous-mêmes en plusieurs éditions cette citation bien exacte. Il n'en est pas de même de la suivante.

Le savant évêque, dit l'abbé Fret (l. 7) et nombre d'auteurs à sa suite, raconte au 30ᵉ chapitre de son livre sur la *Gloire des Confesseurs* que les Romains, ayant abordé, lors de leurs conquêtes, dans cette partie des Gaules..... lui donnèrent le nom de Perche en latin *Pertica*, qui signifie un bois droit et long. Ses immenses forêts qui couvraient en grande partie toute la superficie de son sol, les arbres à la cime majestueuse et élancée dont elles étaient plantées, firent donner à toute la contrée le nom de *Pays du Perche ou des Perches*, nom qu'elle n'a cessé de porter jusqu'à nos jours.

A notre avis, le mot Perche est plutôt celte que latin et veut dire bois, gaulis ou forêt et la citation de saint Grégoire ne se trouve ni dans le 30ᵉ chapitre de la *Gloire des Confesseurs*, ni dans aucun autre de ses ouvrages, comme nous nous en sommes assuré par l'étude méthodique de plusieurs de ses éditions.

Un moine de l'abbaye de Fleury, Aimoin, dans sa description des Gaules au ıxᵉ siècle, y remarque beaucoup de forêts, dont la plus importante est le Perche. « *Sylvæ multæ, eminentior cæteris Perticus.* » Le Perche n'est cependant point compris dans les provinces visitées par les *missi dominici* de Charlemagne, mais nous croyons le reconnaître sous le nom de Corbonnais. Corbon, près de Mortagne, détruit par les invasions des Francs, donna son nom à cette division du Perche, prise quelquefois pour le tout, jusque dans le moyen-âge.

Le second partage de Louis-le-Débonnaire attribue le Perche à Charles-le-Chauve. D'après René Courtin, qui fit en 1611 une histoire du Perche, encore manuscrite, Agombert en fut le premier comte. Ce seigneur s'attacha à Lothaire et mourut en Italie.

Charles-le-Chauve, poursuivi par Lothaire, se réfugia dans la forêt du Perche, *in sylvâ quæ Perthica dicitur vulgo* (Nithard — liv. III) et toute son armée fut sauvée. Le même roi, quelques années plus tard, fit un grand carnage des Normands, dans le pays du Perche.

La chronique de Rigord (page 189 de l'édition pour la Société de l'Histoire de France), nous montre Philippe-Auguste assiégeant la Ferté-Bernard en 1189, *congregato exercitu apud Nongentum, oppidum in perticensi pago*, après avoir rassemblé son armée, près de Nogent, ville forte du Perche. Guillaume-le-Breton, en vers latins, et la chronique de Saint-Denis (liv. II, chap. 1er) relatent le même fait. « En l'an de l'Incarnation 1189, li rois rassembla ses oz (armées) au nouviau tens et recommença sa guerre au mois de mai ; ses oz fist conduire vers Nogent et prist la Ferté-Bernard et quatre aultres chastiaux qui moult étaient forts : puis vint vers la cité du Mans... » (Voir Gouverneur, *Essais sur le Perche,* p. 376).

Les comtes du Perche étaient alors fort importants. Ils sont nommés plusieurs fois dans les chansons de gestes et paraissent glorieusement dans les croisades. Partout ils brûlaient d'en venir aux mains et comme disait René Courtin « la chaire leur en frétillait ».

En 1194, le comte Geoffroy (de Nogent-le-Rotrou) livre bataille au comte de Glocester, grand-maréchal d'Angleterre. Il enlève ses Percherons par une harangue guerrière : « Compagnons, voicy l'ennemi, nous sommes sur le point qu'il faut joüer de l'épée, je crois qu'à pas un de vous, elle ne tient au fourreau... »

Geoffroy, ajoute René Courtin, marche devant et comme un Mars furieux, il donne pesle-mesle sur

ennemis qui se deffendirent fort vigoureusement.
Mais vains furent leurs efforts, car les voilà en dé-
route, battus et bien étrillés et le comte de Glocestre
pris prisonnier. (*Hist. des Rotrou*, par René des Murs,
p. 511).

Les Rotrou furent comtes du Perche du Xe au
XIIIe siècle. Leurs possessions revinrent à la couronne
vers 1227 par retour féodal ou héritage de Blanche de
Castille, descendante, au 5e dégré, de Geoffroy, comte
du Perche en 1079 (voir pour plus amples détails la
Géographie du Perche par M. le vicomte de Romanet
p. 62).

De saint Louis à Henri IV, le Perche, après sépara-
tions successives, fut trois fois réuni à la couronne.
Son sort fut lié pendant longtemps à celui du duché
d'Alençon. En 1584, le duché d'Alençon et le comté du
Perche revinrent à Henri III. En 1771, le Perche fut
compris dans l'apanage du comte de Provence, plus
tard roi de France sous le nom de Louis XVIII.
Plusieurs maisons de Mondoubleau furent la propriété de ce roi.

Le Perche comprenait le Grand-Perche, le Petit-
Perche ou Perche-Gouët et le Thimerais ou terres
françaises, ainsi nommées pour les distinguer des
terres soumises au roi d'Angleterre.

Au commencement de la Révolution, le Perche
composa un instant à lui seul un département avec
Mortagne pour chef-lieu. Une décision aussi sensée
ne pouvait subsister et cette malheureuse région fut
fractionnée entre cinq départements, l'Orne, l'Eure,
la Sarthe, le Loir-et-Cher et l'Eure-et-Loir. Même
avant la Révolution, son autonomie était fort discutée,
témoin le vieux proverbe qui prétend que le Percheron dépend « du bon Dieu de Chartres et du diable
d'Alençon ».

Le Perche-Gouët, le seul dont nous devons nous
occuper, comprenait cinq baronnies : Alluyes la riche ;

Montmirail la superbe ; Brou la noble ; Authon la gueuse ; la Bazoche la pouilleuse ou la gaillarde.

Perche-Gouët veut dire forêt ou pays-bois, de deux mots bretons : *Perch-Goët*. L'accord subsiste encore entre la signification des mots et le caractère des lieux. Malgré la marche progressive du déboisement, qu'arrête cependant la crise agricole actuelle, le pays percheron, vu des hauteurs, présente encore à l'œil, l'aspect d'une vaste forêt. D'autres, et avec l'histoire, nous nous rangeons à leur avis, en rattachent le nom à celui de Goët, seigneur de Montmirail, chez lequel fut signée, au XIe siècle, la charte d'Achard, seigneur de Souday, en faveur de l'abbaye de Saint-Vincent du Mans.

La famille Gouët devint puissante par le mariage en 1059 de Guillaume Goët, seigneur de Montmirail, d'Authon et de la Bazoche avec Mahaut, dame d'Alluyes et de Brou. Dans le Loir-et-Cher, Arville, le Gault, Saint-Avit et le Plessis-Dorin dépendaient du Perche-Gouët.

D'anciens annalistes, d'après le *Dictionnaire de la Sarthe*, par Pesche, font remonter au règne de Clovis l'histoire du Perche-Gouët. Clotilde, veuve, en fondant à Chartres l'abbaye de Saint-Pierre ou de Saint-Père, la dota de grandes terres dans le Perche. Cette possession, connue postérieurement sous le titre des *Cinq baronnies du Perche*, était de son patrimoine et par conséquent de l'apanage du roi de Bourgogne, dont elle était la fille Ce monastère ayant été détruit par les Normands, en 849, Hélie, évêque de Chartres, battit ces barbares, et concéda les cinq baronnies aux hommes d'armes qui l'avaient aidé à les repousser.

On considère aujourd'hui trois cantons du Loir-et-Cher comme faisant partie du Perche : Mondoubleau, Droué, Savigny. « Au VIe siècle, deux amis, renonçant au monde et à ses liens qui passent, pour rechercher plus sûrement ceux qui ont l'éternité pour durée, se retirèrent ensemble dans la forêt du Perche, *in vastas perthici saltus solitudines* (Bolland.) Longtemps, ils partagèrent ensemble tous les travaux d'une vie saintement laborieuse, s'aimant de tout leur cœur, comme les saints savent s'aimer en Dieu. Ils croyaient, les pauvres solitaires, s'être détachés de tout ici-bas, et cependant ils reconnurent enfin qu'un dernier sacrifice, le plus pénible de tous, leur était encore demandé....

Un jour, ils s'arrêtèrent au sommet d'une colline ; les arbres de la forêt, devenus plus rares, leur permettaient de contempler un immense horizon, un de ces spectacles magnifiques où Dieu se révèle plus évidemment par la splendeur de ses œuvres. L'heure était venue, les deux saints se dirent *à Dieu*, ce rendez-vous en l'éternité de ceux qui ne doivent plus se revoir sur la terre.

Et chacun d'eux désormais seul et vraiment détaché de tout, se remit en marche, Avit à gauche, Calais à droite.... Le village de Saint-Avit au Perche demeure comme témoin de l'adieu des deux saints. » (Baron de Maricourt (p. 30.)

C'est là, tout près, que MM. de Maricourt et de Reviers ont placé leur observatoire.

Le Perche, dans son ensemble, est une contrée bocageuse, un peu froide, mais bien arrosée et particulièrement propre à l'éducation des bestiaux qui y sont abondants. Le terrain, dit M. le vicomte de Reviers, est accidenté et on ne saurait mieux en définir le relief qu'en le comparant à un amas de taupinières, juxtaposées au hasard, assemblage incohérent de monticules et de mamelons aux profils arrondis, séparés par des vallons peu profonds et sans orientation définie.

Les grands massifs forestiers sont rares, et malgré l'apparence boisée de la contrée, la superficie des terres arables l'emporte de beaucoup sur celle des herbages et des prairies. Les champs sont pour la plupart plantés de pommiers et de poiriers, et tous, sans exception, sont entourés de haies vives, dont les sinuosités, multipliées comme à plaisir, découpent le sol, suivant les contours les plus irréguliers et les plus capricieux.

Les céréales et pâturages sont cachés « par les haies et les grands arbres qui les entourent ; le regard, sans les toucher, glisse sur une mer de verdure jusqu'au bout de l'horizon..... On y trouve des horizons bleuâtres et des pitons charmants où s'attarde le soleil couchant. Partout de l'ombre, partout des fontaines limpides courant sous le cresson. En avril, les pommiers, couverts d'une neige fleurie, purifient et embaument l'air ; les haies sont pleines d'oiseaux, de nids et de fleurs » (1).

Malgré tout, la trogne de chêne est l'arbre typique du Perche ; c'est elle qui donne au pays son aspect caractéristique, qui couvre d'ombres épaisses ses chemins creux et qui les remplit la nuit de mystérieuses terreurs. Hélas ! « le nombre en diminue de jour en jour, parce que nous sommes moins économes que nos pères » (2).

« Les ténèbres, dit M. de Maricourt, sont opaques dans le fond du *brai*, qui s'allonge entre deux vieilles haies ; le vent d'hiver passe avec d'étranges clameurs dans les rameaux dépouillés, les nuées fuient, de grandes ombres succèdent aux vives lueurs de la pleine lune ; des formes étranges s'alignent à perte de vue et se profilent nettement sur la vague clarté du ciel.

« L'imagination la plus rebelle ne saurait se refuser à reconnaître ces contours bizarres, ces géants trapus accroupis au bord du chemin, ces monstres....., ces hommes, ces femmes échevelées, ces énormes têtes aux profils hideusement grotesques..... et tous ces fantastiques démons à l'affût dans l'ombre, tous ces bras qui se tordent, ces mains qui s'avancent, prêtes à saisir, toutes ces attitudes forcées, tous ces gestes violents, comme immobilisés par l'attente : ce sont les trognes. »

(1) *Mémoires d'un Royaliste*, 1882, par Ernest de Chabot, p. 4 et 5.

(2) *Mémoires d'un Royaliste*, par le comte de Falloux, 1888, T. I, p. 5.

Aussi, ne nous étonnons pas s'ils sont nombreux, les endroits où *il revient*. *Il y revient*, chacun le sait, mais qu'y revient-il ? Nul ne le sait.

.*.

D'après un vieux dicton : « un champ n'est bon que s'il est clos comme une boite. » Et dans ces champs, vaches, poulains, moutons, dindes, oies, cochons, errent pêle-mêle. Ils entrent par les *bascules* ou barrières. La *bascule*, comme le dit son nom, tourne sur un pivot par le secours d'un contre-poids, ordinairement une grosse pierre. La *barrière* est faite l'hiver avec les triques de la haie. Une *trogne*, ou têtard, fait office de pilier ; un *hart*, jeune branche pliée et tordue, de penture, de gond et de serrure. Les *rotes*, ou sentiers, sont desservis par des *échaliers*, sorte de clôture fixe de bois entrelacés, qui donne le passage aux hommes et le refuse aux animaux.

Tous les huit ans, lorsque l'assolement quadriennal ramène la façon des blés, les haies sont mises en coupe réglée, les brins les plus forts sont recepés au pied et mis en cordes de bois de chauffage et en bourrées ; ceux de taille moyenne laissés adhérents à la souche, sont coupés aux trois quarts et *plessés*, c'est-à-dire couchés et entrelacés horizontalement, de manière à former au sommet du talus de la haie *la maîtresse guette*. Ces talus, formés de terre rapportée et qui s'augmentent quelque peu chaque huit ans, lorsque le cultivateur coupe la haie et nettoie le petit fossé, qui devrait toujours se trouver au bas, ont trois, quatre, cinq, et jusqu'à six pieds de haut. Un *pal*, ou *pau*, est piqué çà et là dans la haie, et *plesses*, *plessards* et *marmanteaux* ne font qu'un tout solide, où l'orme, le bouleau, le charme, le chêne, les épines et les ronces, tressent bien vite une clôture impénétrable. Convenablement entretenue, la haie dispense le fermier de garder ses bestiaux, et au besoin, comme en l'hiver 1890-1891, abrite les récoltes contre les vents froids et les gelées persistantes. (De Reviers, *Çà et Là*.)

« Les pays de clôtures, dit un rapport manuscrit du XVIIIe siècle, conservé au Chartrier de Saint-Agil et que nous a communiqué M. l'abbé Chambois, ont des terres froides à fond d'argile et de glaise qui ne peuvent filtrer 'eau. Il faut donc en procurer l'écoulement. De là le labour par petits sillons dont les raies sont autant de rigoles, et pour fournir un 'eceptacle aux eaux qui s'y écoulent, on a creusé de: fossés et laissé les chaintres ou bordures des champs. Pour ne pas perdre le terrain qu'occupent les fossés, il était naturel d'en planter les levées d'épines et d'arbres de toute espèce ; voilà les clôtures.....

« Ces sortes de terres poussent de l'herbe plus ou moins par leur nature, on doit donc en profiter en élevant toute sorte de bétail. Ces troupeaux demandent de la liberté pour leurs ébats et leur santé ; il faut donc qu'ils soient contenus par des clôtures ; autrement ils ravageront toutes les terres ensemencées ; raison absolüe de la plantation des hayes. » (Chartrier de Saint-Agil.)

L'imperméabilité du sous-sol fait refluer à l'extérieur les eaux souterraines abondantes et peu profondes. Elles se font jour, rarement sous forme de sources vives et jaillissantes, mais le plus souvent en fondrières boueuses, qui portent les noms bien choisis de *fredonnières*, *molins* ou *surins* ; et, chose digne de remarque, ajoute M. de Reviers, c'est presque toujours à mi-côte et non au point le plus bas de la vallée, que se rencontrent ces sources latentes, qui rendent fort difficile l'assainissement du sol. Les cours d'eau sont, pour la plupart, de peu d'importance et alimentés par ces fontaines peu abondantes, et l'accumulation des eaux pluviales dans les bas-fonds.

.
. .

Dans le Perche, de temps immémorial, l'assolement est quadriennal. Les quatre *cottaisons* se succèdent : blé, avoine, trèfle, jachère. Dans la jachère on plante force choux, *bettes* (betteraves) et *truffles* (pommes de terre).

L'élevage et le commerce du bétail, l'entretien des clôtures, des arbres, des herbages et les travaux relatifs à la production des grains demandent des soins infinis et perpétuels et un grand nombre de bras.

Aussi dans le Perche, les exploitations agricoles sont petites et tout au plus de moyenne importance. Peu de fermes ont au-dessus de 60 à 80 hectares. Beaucoup en comptent à peine 15 ou 20. Elles se louent par périodes de quatre ans, pour 4, 8, 12 ou 16 ans, de 25 à 30 francs l'hectare. La récolte de blé atteint de 15 à 18 hectolitres.

« Les labours et les charrois de toute espèce se faisaient autrefois avec le secours des bœufs ; ces animaux soutenaient seuls la fatigue du travail ; les juments poulinières, qu'on attelait devant eux, ne servaient seulement qu'à diriger la marche. On a cru devoir substituer les chevaux aux bœufs, et ce mode de labourer et de voiturer est devenu une véritable *calamité* pour le pays..... Les bœufs s'élèvent facilement ; ils sont moins sujets que les autres animaux aux maladies qui précèdent l'âge adulte. Leur nourriture ne coûte presque rien ; les herbes les plus grossières leur suffisent ; on les achète à un prix modique, et, après en avoir tiré de bons services, on les vend ensuite plus chers qu'ils n'ont coûté.

« L'éducation des chevaux, au contraire, est longue et difficile ; ils sont, dans leur jeune âge, sujets à de fréquentes maladies ; leur nourriture est dispendieuse ; ils détériorent les prés en détruisant les herbes fines qu'ils broutent ; si on est obligé de les acheter, ils coûtent fort cher, et quand ils ont cessé d'être utiles, ils ne laissent aucun dédommagement. »

Cette curieuse appréciation du rôle des chevaux et des bœufs dans l'agriculture est tirée d'une notice envoyée par les notables de Mondoubleau, sous le premier Empire, au préfet du département de Loir-et-Cher. M. de Beauvais de Saint-Paul, en 1840, constate que les juments continuent à remplacer les bœufs, et pense qu'il en est ainsi parce que les propriétaires et les fermiers ont cru y trouver un plus grand avantage.

Sans nous y arrêter pour le moment, constatons que le cheval est la gloire et la richesse du Perche. Le canton de Mondoubleau produit des poulains très estimés, qui sont achetés dès la première année et mis aux pâturages de la Ferté-Bernard ou de Nogent. D'autres prennent le chemin de la Beauce. Les pouliches restent au pays. Le travail de culture est fait par les juments.

Des vaches, autant que les foins et pâturages en peuvent nourrir, une ou deux *gores* efflanquées et haut perchées sur pattes, un petit troupeau de brebis solognotes, une bande d'oies, des volailles nombreuses, voilà le cheptel ordinaire d'une ferme du Perche. Comme tous ces animaux sont souvent dehors, il en résulte une grande déperdition d'engrais, qui force le fermier à acheter une énorme quantité de phosphates et guanos. Il a été longtemps exploité par les négociants et entremetteurs des environs. La loi de 1884, en autorisant la fondation des syndicats agricoles, lui a rendu un service signalé. Le canton de Mondoubleau possède un syndicat dévoué, habile et actif.

Le personnel des fermes se compose de charretiers, loués environ 450 francs; de servantes louées 200 et 250 francs, et d'un petit garçon qui gagne 50 à 80 francs dès l'âge de douze à treize ans. Plus jeune, il se loue de la Saint-Jean à la Toussaint pour son pain, ses sabots et 15 à 20 francs. Un journalier nourri gagne 2 francs en été et 1 franc en hiver. Une femme 1 franc ou 75 centimes. Les maçons, charrons, charpentiers, 3 francs non nourris, et quand ils travaillent dans les fermes, ils sont *trempagés* ou *pitancés*, c'est-à-dire nourris, sauf le pain, qu'ils fournissent, même pour la soupe. Dans ce cas, le prix de la journée subit une réduction de cinquante centimes.

∴

La crise agricole ramène le *métayage*, au lieu du fermage à argent. Le propriétaire a la moitié du blé. La paille, l'avoine et le foin sont dépensés dans la ferme. Le métayer fait de plus *rente de cour* pour ses bestiaux, ses volailles et les bâtiments, ou partage de moitié les produits de ses animaux. Pour le laitage, il est tenu à des faisances annuelles en beurre ou fromages.

Dans la hiérarchie rurale, la *gouvernerie* vient au-dessous du métayage. C'est, dit M. de Reviers, « un mode de location assez original et tout spécial au Perche-Gouët. Le gouverneur a la jouissance des bâtiments d'exploitation. Son cheptel se compose de trois ou quatre bêtes à cornes, d'un minuscule troupeau de moutons, d'un porc et de quelques volailles ; mais il n'a pas de chevaux. Le propriétaire fait lui-même ou fait exécuter à prix d'argent, les labours, les charrois de fumiers, les semailles d'automne et de printemps.

« Il fait également lui-même sa moisson, entasse ses gerbes dans une grange dont il a la clef, et, après avoir battu la récolte, il emporte son grain et abandonne les pailles et épillons au gouverneur, qui les fait consumer et convertir en fumier par ses animaux. Pour la nourriture de son bétail, le gouverneur, a en outre, tout le foin des prairies naturelles ou artificielles ; c'est lui qui, dans l'avoine faite par le propriétaire, sème le trèfle, qui lui donnera du fourrage pour l'année suivante. » Il fait dans la jachère quelques rangs de pommes de terre, et, selon les conventions, il a tout ou partie des fruits, ainsi que les émondes des haies. Sa rente en argent est égale aux deux tiers de celle que ferait un fermier. Le propriétaire est souvent un fermier, qui se sert de ses attelages pour cultiver le petit domaine qu'il loue à un *gouverneur* ou *bordier*, en attendant qu'il s'y retire lui-même dans ses vieux jours.

Le *maisonnier* n'a qu'une maison, avec son jardin et quelques arbres. Presque tous sont locataires et journaliers. Notre Code civil ne permet pas au pauvre de transmettre intégralement son toit à l'un de ses enfants. Il est nécessairement vendu.

Le rêve d'un Percheron est de posséder un *petit endroit* ou *bordage*, ayant quatre champs, un pour chaque cottaison, et une maison au milieu. Comme il est impossible, à cause de l'assolement, de diviser ces propriétés, elles sont licitées à la mort des parents, et l'établissement de la famille est à refaire à chaque génération. Aussi, quoique, de temps à autre, une ferme soit dépecée et mise en détail, la petite propriété tend à disparaître.

Plusieurs nations, particulièrement les États-Unis, réagissent contre cette désorganisation du patrimoine familial, par la constitution de lieux stables, *homestead*. M. le comte de Mun a déposé à la Chambre des députés un projet dans ce sens, permettant aux pères de famille de rendre inaliénable et transmissible une propriété de petite étendue.

⁂

Les gros villages sont inconnus dans le Perche. Peu de *bourgs* ou chefs-lieux de commune atteignent 200 habitants. Éparpillées le long des routes, ou à l'extrémité de ruelles impraticables, les habitations ont l'air délabré et misérable.

Les murailles sont en général formées par des pans de bois dont les interstices sont garnis de *bauge*, terre franche gâchée avec du foin. La bauge est tenue en place par de petits bâtons dits *quenouilleaux*. Depuis une vingtaine d'années, on a beaucoup bâti en briques brutes, dites briques belges. C'est une construction précaire, vite endommagée par l'humidité. Des carrières de moëllons, aux formes irrégulières

s'exploitent aujourd'hui, grâce au meilleur entretien des routes et des chemins.

L'église de Souday, qui est la construction la plus ancienne que nous connaissions dans le Perche, a deux pans de murs en cailloux, ramassés dans les champs et curieusement noyés dans un bain de mortier pour former le petit appareil romain. Elle date de saint Aldric, évêque du Mans, ami de Charlemagne et de Louis-le-Débonnaire.

L'église du Gault, canton de Droué, est presque aussi ancienne. Le manoir d'Alleray, près de Saint-Agil, offre un gracieux et sévère assemblage de pans mêlés de bois et de briques. L'imposant château de Glatigny, dont Rabelais a pu être l'architecte, est tout entier d'énormes briques, sauf les encoignures et les ouvertures encadrées d'un ruban de pierres blanches, amenées de Théligny ou de la Ferté-Bernard (Sarthe). Les églises et châteaux sont généralement en briques ou moëllons irréguliers, avec arêtes en cailloux coagulés ou en *roussard* de Cormenon. On emploie aussi la pierre de taille blanche dure ou demi-dure, mais elle ne se trouve pas dans la contrée.

Les tourelles du presbytère d'Arville et le pavillon central d'Alleray sont un charmant spécimen de la couverture en *bardeau*, que les tuiles et ardoises remplacent assez vite. Le bardeau est une plaquette de bois, de la dimension d'une tuile. Il est léger, chaud en hiver et frais en été.

Les routes macadamisées en cailloux remplacent les chemins affreux d'autrefois, faits de boue et d'eau et encadrés de deux haies infranchissables. Des *rotes* ou *voyettes* les longeaient sur les *chaintres*, à l'intérieur des champs pour l'usage des piétons. Une ligne d'échaliers permettait de passer de champ en champ. Il en reste encore assez pour rendre possible une anecdote que raconte M. de Falloux dans ses mémoires. On eût pu la recommander, il y a quelques années, au ministre des cultes comme moyen plus efficace que les suppressions de traitement pour obtenir de NN. Seigneurs les Évêques, les déplacements de curés, voire même de vicaires.

M. de Meaulne, Mgr. Montaut des Iles, évêque d'Angers et son grand vicaire se rendaient, assis sur chacun un fauteuil, dans une grande charrette à la paroisse de Bourg-d'Iré pour la cérémonie de confirmation. Le garçon bouvier suivait derrière la haie, son aiguillon à la main, le véhicule attelé de deux bœufs, quand le chemin devenu trop étroit, ne présentait plus qu'une longue et profonde flaque d'eau. A un moment donné, voyant la charrette engagée dans un de ces défilés, M. de Meaulne se lève et s'écrie : « Arrète, mon gars » et il est obéi. Puis se tournant vers l'évêque : Monseigneur, vous ne sortirez point d'ici que vous n'ayez changé mon vicaire !

— Mon bon Monsieur, vous n'y songez pas, c'est une très mauvaise plaisanterie.

— Non, non, Monseigneur, je ne plaisante pas, je vous l'ai déjà demandé et vous me l'avez refusé, mais je tiens une bonne occasion et je ne la lâche pas. Cet abbé là prêche tous les dimanches sur l'enfer et çà me donne des cauchemars.

La résistance de l'évêque fut héroïque, mais enfin il fallut capituler. On capitula.

« Touche, mon gars », dit alors M. de Meaulne. L'on se remit en route et, au retour de la tournée pastorale, le vicaire fut nommé curé (1).

Quoi qu'il en soit, le Perche, dirons-nous avec M. de Maricourt, « est un pays charmant qui supporte vaillamment d'être comparé aux plus jolis de ceux qu'on va chercher au loin. Rien de bien grandiose peut-être, mais tout est harmonieux et doux. Quand, au mois de mai, toutes les haies ont revêtu leur éblouissante parure blanche d'aubépines et d'églantiers ; quand, aux premières gelées d'automne, chaque arbre, chaque plante a pris une teinte particulière et donné sa note dans la grande gamme des couleurs, du noir absolu au jaune pâle, en passant

____

(1) *Mémoires d'un Royaliste*, 1888, par M. de Falloux — I. 3.

par tous les tons du rouge, alors notre Perche ignoré
a des beautés que les touristes iraient admirer en
foule s'il était seulement à cent cinquante lieues....
Mais il est bien près !

PERCHERONS

———

> Mon luth n'a qu'un son
> Perche, Percheron.

« Les Percherons, dit René Courtin, sont assez gracieux et débonnaires, gens qui sont retenus à dire, et à penser plus qu'ils ne disent. » Histoire du Perche, en 1611.

On nous excusera de rapprocher de ce portrait un bon mot, authentique, quoique peut-être un peu..... embelli. Qu'est-ce donc qu'un Percheron, disait un de nos évêques, avec sa bienveillance gracieuse, à un maire percheron *à tous crins* : « Un vrai Percheron, Monseigneur, ça n'dit jamais c'que ça pense et ça n'fait jamais c'que ça dit. »

Nous tenons cette version d'un témoin auriculaire. Il en est cependant une seconde : « Un Percheron, c'est un homme qui ne dit pas toujours ce qu'il pense et qui ne fait pas toujours ce qu'il dit. »

Après avoir nous-même recueilli le propos, un peu différent, de la bouche de l'un des deux interlocuteurs, nous nous contenterons de constater combien il est difficile de relater exactement les mots historiques, et nous profiterons de l'occasion pour réclamer l'indulgence du lecteur.

Revenons à René Courtin : « Il y a eu de tout temps, en cette province, des hommes recommandables, les uns pour les sciences, les autres comme guerriers. Il faut reconnaître que la plupart des Percherons sont paresseux, appesantis sur leurs cendres et à la douceur et commodité du pays, auquel ils s'attachent, faisant valoir et mesnageant chacun sa petite *closerie* ou *métairie*, sans pousser leur fortune plus outre, encore qu'ils soient de fort belle venue et qu'ils pourraient faire quelque chose de bon; tellement qu'il est tenu en proverbe d'eux : ce sont les poulains du Perche, ils se défont au croître; ce qui ne s'entend pas que l'âge venant rabaisser leur esprit, les rend imbéciles; l'expérience nous donne la preuve de ceux qui se sont tirés du païs et ont brusqué la fortune aux autres provinces, hanté la cour ou le palais, où ils se sont fort avancés, chacun dans la vocation qu'il avait entreprise; mais c'est qu'ils sont chatouilleux des délices du païs et s'y amusent, non de vérité en oisiveté, mais en la culture et mesnagement de leur patrimoine, dont ils se contentent, sans désirer ni autres grandeurs, ni richesses qu'ils pourraient trouver aux autres provinces. De vérité, c'est une grande félicité de se contenter d'une médiocre fortune, vivre et mourir en cultivant l'héritage paternel..... »

« Le Percheron est gai, railleur et mélancolique à ses heures. Il ne travaille que par nécessité et dépense le dimanche, avec insouciance, l'argent qu'il a pu gagner dans la semaine. Si, d'aventure, il fait quelques économies, il se hâte d'acheter un petit champ, qu'il cultive avec amour. Les jours de fête, il ira pendant de longues heures admirer les arbustes de sa haie et les pommiers de son champ; il rêvera devant une aubépine en fleurs; et il rentre le soir, heureux et fier de penser que ces fleurs et ces beaux arbres sont à lui. » (1)

Terminons ce *pourtrait* : Un vieux paysan disait un jour à M. le baron de Maricourt : « Vous, monsieur,

(1) *Mémoires d'un Royaliste.* — Paris, 1882, par Ernest de Chabot, p. 5.

qu'avez *très-ben* voyagé, c'est-y vrai qu'l'iau elle est tout à l'entour de la terre ?

— Très-vrai, lui dis-je.

— Ben, comment donc qu'y fait, le Juif-Errant ?

J'eus la sottise de rire ; mon homme me regarda de travers : « J'en ai pourtant *oseu* le cantique ! » murmura-t-il après un silence.

Tout le vrai Percheron d'autrefois est là : désir de s'instruire, avidité de saisir une idée neuve, si saugrenue soit-elle, entêtement féroce à la garder ensuite, croyance presque religieuse à tout ce qui est imprimé, défiance à l'égard de plus instruit que lui.

.

Élevé à l'ombre de ses haies et au fond de ses chemins creux, le Percheron a une certaine propension à se cacher et à se dissimuler. Il est assez maraudeur, poseur de collets, chasseur à l'affût. Braconnier d'instinct et de tradition, tout ce qui est chasse l'attire et il aime la poudre. Il a d'ailleurs une casuistique à son service, non seulement sur la propriété du gibier, mais à propos de toutes les « productions spontanées du sol. » « Puisque le bois ça pousse tout seul, pourquoi que ça n'appartiendrait pas à tout le monde ? »

Ce raisonnement, rapporté par M. de Reviers, nous revenait récemment à la mémoire chez un brave paysan.

« Ils sont tous à crier, disait-il, contre les grands propriétaires. Mais, sans leurs bois, comment ferionsnous pour avoir des manches d'outils, des balais de bruyère ou de bouleau, des *harts* pour lier nos fagots..... Sans doute, on se cache un peu pour les prendre, mais enfin .... ce sont eux qui nous les fournissent, et ils le savent bien..... ou à peu près. »

Notre Percheron eût pu, sans se calomnier, allonger un peu son énumération.

Elle rappelle d'ailleurs d'anciens usages consignés dans des chartes nombreuses. Ingelbault de Vendôme, pour n'en citer qu'une, fait au onzième siècle (1040-1070) les donations suivantes aux moines de S. Gildéric de Lavardin (*Cart. de Marmoutier*, Ch. Métais, XXIV).

Donavit de silva Pertici pastionem ad ccc porcos, per singulos pascendos annos. Il donne dans la forêt du Perche la paisson de trois cents porcs. Nous retrouvons l'usage de faire paître les porcs dans les bois, jusqu'à l'époque de la Révolution. Une légère redevance était due par année et par tête de bétail, un demi-denier, d'après les comptes de Glatigny.

Et de ejusdem silve sicco bosco ad opus monachorum..... suorumque hominum, quantùm eis in omnibus sufficiat. Et du bois mort de la même forêt, autant qu'il est nécessaire pour les moines et leurs hommes. *Similiter quoque retortas et rollones, stimulos quoque et cavillas et hucias, et si quid hujusmodi aliud eis in rurali opere necesse fuerit.....* De même des *harts* ou *riottes* et des *rollons*, des aiguillons, des *chevilles* et des *houes*. Les *harts* sont des branches tordues qui servent à assurer le va-et-vient des barrières des champs et à lier les fagots ; les *rollons*, d'après Du Cange, sont les barreaux d'échelle. Nous serions assez disposé à y voir aussi les bois ronds, qui servent à la construction des échaliers et des barrières. L'aiguillon pour les bœufs, aujourd'hui remplacés par les juments, et les chevilles sont petits bois que prennent encore sans scrupule tous nos paysans.

Que sont les houes ou houx (*hucias*) ? Sont-ce des branches de houx, ou généralement des manches d'outils ou de hoyau ? Le rollon veut encore dire, en certaines contrées, *rouleau*, instrument qui sert à écraser les mottes. Aujourd'hui encore, un fermier obtient facilement de son propriétaire un chêne pour confectionner un rouleau.

Nous n'avons pas la prétention d'expliquer d'une manière définitive ces mots, dont l'interprétation est reconnue difficile dans chacun de leurs détails ; mais l'ensemble nous paraît suffisamment élucidé par les usages conservés dans le pays, malgré l'interprétation plus stricte des droits du propriétaire. Cette interprétation résulte des lois révolutionnaires, qui, en enlevant ses privilèges au propriétaire, lui ont rendu la liberté de refuser les charges qui en découlaient par la coutume et les usages.

Le Percheron respecte le bois de chauffage entassé sur le bord d'un chemin isolé, quoique quelquefois le froid donne des jambes aux bûches ; mais en hiver, il prend un sac et sa cognée, et fait provision d'arbres morts ou *presque* morts. Il pêche la nuit dans la fosse du voisin, parce que le poisson est *voleur*, mais il respecte les fruits et les volailles. Il y a bien quelques petites exceptions par ci par là !

Les Percherons sont quémandeurs, *piailleux*, mais reçoivent avec une gratitude polie, et *tout un chacun* aime rendre service à son voisin. Tout malheureux, dans le vrai Perche, dit M. de Maricourt, capitaine des mobiles pendant la guerre, trouve moyen de donner à de plus malheureux que lui. « Que le monde est dur ici, disaient, en 1870, les pauvres moblots percherons en sortant affamés des grandes fermes de Beauce ; et je me rappelais avec émotion les morceaux de pain et les potées de cidre que j'avais vu distribuer, là-bas, dans les haies, à la porte de chaumières où le pain était rare et l'eau plus abondante que le cidre » (p. 44).

.·.

Nous lisons dans le rapport déjà cité du XVIII⁰ siècle sur la paroisse de Savigny : « Plus on est près de la misère et des malheureux, plus on devient sensible et compatissant, un fermier, un bordager ne refusent jamais du pain, il partage même sa soupe avec un pauvre lorsqu'il se présente à l'heure du repas.... Ils donnent leurs vieilles hardes (habits), des fruits, du laitage, en un mot, jamais ils ne refusent quand ils ont quelque chose ; plusieurs pauvres même font part à d'autres de ce qu'ils ont trouvé de pain dans la journée au delà de leur nécessaire ; les femmes même, en allant chercher l'aumône, travaillent pour d'autres plus malheureux qui ne peuvent sortir.

Il faut être témoin de ces faits pour les croire. Un missionnaire s'avisa un jour de donner une exhortation sur l'aumône, le curé de la paroisse l'arrêta. Louez plutôt mes paroissiens, lui dit-il, sur leur esprit charitable pour les engager à continuer. » (Chart. de Saint-Agil.)

Depuis un siècle, l'égoïsme a fait beaucoup de ravages dans le Perche et l'esprit de charité et d'amour du prochain diminue rapidement, bien qu'il en reste des traces incontestables.

De même, autrefois, nos paysans ne craignaient pas les charges d'une postérité nombreuse. Il y a seulement vingt-cinq ans, les familles comptant six à sept enfants et plus, n'étaient pas rares. Il en reste encore. « Promenez-vous dans nos campagnes, dit M. de Reviers, tout autour des habitations et le long des routes, vous verrez des bandes joyeuses d'enfants de tout âge, se gardant mutuellement, les plus jeunes surveillés par leurs aînés, qui les ramassent dans leurs chutes, les portent tant bien que mal dans leurs bras ou les trainent dans ces petites voitures, sortes de brouettes à deux roues que les gens du pays appellent *banneaux*. Tout ce petit monde, tantôt à la pluie, tantôt au soleil, grouille pieds nus dans la poussière ou la boue, mange des pommes vertes, vit dans les conditions hygiéniques les plus déplorables, et néanmoins à voir les joues vermeilles et les mines florissantes de ces *gnias*, on ne peut méconnaître que ce régime a du bon. Elevée ainsi à la dure et accoutumée dès le jeune âge aux intempéries d'un climat assez rude (l'altitude des collines du Perche-Gouët varie de 180 à 260 mètres), la population rurale est robuste et vigoureuse ».

« L'élévation du sol, dit Beauvais de Saint-Paul dans son *Essai historique et statistique de Mondoubleau*, et la végétation abondante dont il est couvert, contribuent à rendre l'air plus salubre et plus vif ; aussi les habitants sont-ils assez généralement forts, robustes et bien constitués. Ils parviennent, la plupart, à un âge très avancé. Peu de pays offrent des exemples d'une plus grande longévité ».

L'alcoolisme cependant exerce des ravages désastreux. Les cabarets provoquent le paysan non plus seulement dans les bourgs et les villages, mais sur les chemins isolés et jusqu'au coin des bois. Une fois installé devant le verre de goutte frelatée, la tasse de café ou la *potée* de cidre *amoureux à boire*, le Percheron, naturellement *musard*, s'attarde en conversations aussi longues que monotones qui se terminent quelquefois en rixes regrettables et en batteries bruyantes.

Le fond de tous les repas du paysan est la soupe, composée d'eau, de lard salé quelquefois, et toujours de légumes variés et d'une énorme quantité de pain. N'oublions pas les *truffles* (pommes de terre) et le laitage, surtout sous forme de fromage. On y ajoute rarement de la *chai* (viande de boucherie).

Le cidre est l'unique boisson. Il se prend dans des pots de terre vernissée. Le grand régal et le meilleur des remèdes contre toutes les maladies est la *rôtie au cidre*, croûte de pain grillé, mitonnée dans du cidre chaud.

Dans les fermes, on fait assez généralement le pain à la maison. Il est bon, de farine de froment pure ou presque pure. Les ouvriers l'achètent chez le boulanger. Trop souvent les petits cultivateurs en agissent de même. Ils vendent leur blé et achètent le pain à crédit. C'est en même temps signe et cause de misère. D'autres remettent au boulanger leur *mônée* et celui-ci leur fournit un chiffre convenu de kilogrammes de pain par sac de blé ou de farine.

Le fermier mange toujours à la même table que ses ouvriers et ses domestiques, et l'usage des assiettes étant un luxe peu répandu, aussitôt que le potage fumant est déposé sur la table, chacun puise à même la soupière commune. Les domestiques vivent sur le pied d'égalité avec leurs maîtres et sont encore assez généralement traités comme les enfants de la maison.

.*.

Le langage est assez correct et presque sans accent. Cependant, la suppression des consonnes finales, *fé* pour fer, *cou* pour cour, *bou* pour bourg, *môt* pour mort et certaines désinences comme *mé*, *té* pour moi, toi, donnent au Percheron un air naïf qui lui sied assez. Plusieurs locutions sont originales. Entrons dans une ferme et essayons d'en saisir quelques-unes sur le fait.

La porte de la *maison* (chambre commune) *rouince* sur ses gonds et quoique nous soyons *trè-ben* (beaucoup) et *pis cor* (encore), la fermière ne *tarine* pas à nous offrir de boire *une fois* (un coup). Nous n'avons pas *seu* (soif). Nous aurions pourtant pu collationner avec du *ripoupet* (mélasse) que nous apercevons dans une *potine* ou du *fourmaige*, qu'est sur un lattis et qui égoutte son *tringue* ou *mingre* au *mitan de la place*.

« Le cidre est en *pipe*, mais j'vas *juper nout' maite* (mon mari) et il se fera un plaisir d'y mettre une *puette* et de lever le tapon ou la *bonde*. Et c'est pas c't'y-là qu'est suret ou *morte-à-cœu*, mais *ben dret d'goût* et fort en *citre*. »

Un *oribus*, chandelle de résine, pend à l'oribannier et les pots à lait sont couverts de *tranchois*, *volets* ou *bardiaux*. Un *gnias* qu'a *jouet* (peu) de santé et qu'est enrhumé *une venue* (beaucoup) se *ramoucine* et se *taponne* dans la *vnelle* (ruelle du lit).

Tandiment que nous causons, un chien *maufaisant* le poil *riboussé*, égare une *ribandée* (bande) de *pirottes* (oies) *qu'ont peu de ses naquets* (dents). Le *jà* (jars) a un *tribat* au cou (bois à trois branches) ou une plume dans le nez, pour le retenir de se *couliner* (glisser) par les *musses* des *hâes* (haies). On a beau *subler* (siffler) le chien, y *pigne*, *repusse* et *renacque* pour *recindre pas-ce qui* va recevoir une *macabre* râclée de coups de scion ou de trique.

Des *guérouées* de poulets *piaulent* dans la *roue* (pâturage) près de la ferme, et les *cannes* se *tantouillent*, *picrassent, pocrassent, marouillent* et *patouillent* dans la quénillée des *surins, molins* et *fredonnières*. Un *pauv' gars niguedouille* (à l'air bête), *pouille* sa *biaule* (blouse) et *dégouline* (va) dans les champs avec un morceau de pain dans sa *malette* et des *nouzilles* (noisettes) dans sa *pouchette*, même qu'il est *ben friponnier*, parce qu'il *liche* toute la *frippe* sur sa tartine. Il crie et *oualle par après* ses vaches, qui *rungeant* (ruminent) philosophiquement et *rouchent* (sucent) la *chaudronnière* (tablier ou devantière) de la fille (domestique).

Un maçon ragrège les murs en rengraissant les *quenouilleaux* (barrelets) avec de la *bauge* (mortier fait de foin et de terre). Les granges sont *tré-ben* pleines jusque sur les *sinas* (planchers), et les *vermegniers* (rats et souris), y *tracottant* et *rabâtant* dans les gerbes. Un *morpion* (gamin) *nouseux* (timide) et *ben fié* (fier), qui sort de dormir sa *mariennée*, se frotte l'*yeu* avec son *nipiau* (mouchoir), *terpe* du pied et se *musse* (glisse) *de bédée* (vite) dans un *taudion* qu'est de la *vieuture* (ancien) et *qu'y a* dedans une *bourginée* (nichetée) de petits lapins. Il trouve que pour *annuit* (aujourd'hui), c'est *ben soûlant* (ennuyeux) de voir tant de monde. Il a *pou* (peur) qu'on lui dise *quétechouse* et qu'on le *querelle*. Quand il est *tout seu* (seul), c'est pas la *pèque* (langue) qui *li* manque pour *tatiller* (bavarder).

Les *prats* (petites filles), qui sont *jouet résouds* (guère bien portantes), font la *moute* (la moue) et se *calinent amont* (le long de) leur *m'man*, pour pas aller aux écoles. La servante, qui s'est levée de *pétronminette*, et qui tient *tré-ben* à la *piaffe* (toilette), va au *jardrin* (jardin) arracher de la *porée* (des poireaux), des *naviots* et des *sersifis*, et personne ne *muslotte* (ne paresse).

Le *maite* (maître) qu'est pas *trigaud* (trompeur) ni *pénellier* (bon à rien), encore moins *musard* (qui perd son temps), fait ses *tournailles* (lève ses guérets) ou *ben* trace des *rions* avec le *soi* (soc) de la charrue pour arracher les *pénifles* (*truffles* ou pommes de terre). On les met en *pernées* ou *pennerées* (panerées) ou dans des *resses* (mannes). Un *toucheux astique* les juments *ben pinges* (au poil luisant) qui *souhâttent ben tertous* et un journalier recèpe les branches des *plessards* trop *rayues* (touffues) avec un *rouge* (croissant au bout d'une perche), *bouche* (ferme les trous des haies) avec des épines *rifaiges* (mal approchantes) et casse les mottes avec un *rollon* ou une *rabattoire*; *ou ben cor* (ou bien encore), il retourne les *talopées*, *tapées* ou *couanes* d'herbe et renfonce les *paus* (pieux).

Des *gorains* ben soubauds (gourmands) et *ben lubres* (lourds) passent *leu guérouin* par dessous la porte de *leu sou* (toit à porc) et *grognent après la boiteure* (pour demander la pâtée), comme si ils *ceurvint* (crever-mourir) de faim et *ousqu'ils sont*, c'est pas *quasiment* du *sent-y bon* (odeurs pour la toilette). Des *iaules* (brebis) frôlent leurs toisons aux *piquerons* ou *piquerus*, *rasibus* (tout près) la *hâe* (haie). Elles ont tout *pécé* le terrain.

Une *tirotaine* (quantité) de *pouasses* (moineaux), qu'il y en a que c'est *terrible* et *abominable* (beaucoup et extraordinairement), *picotent* les *poummes* sur le *perçoi* (pressoir). Quant à *mé* (moi), je *trime* et me *trimballe* avec un crayon *ben piqueronnu* et je regarde tous les petits *averrats* (animaux) du bon Dieu et la belle nature qui sert de cadre à ce spectacle intéressant.

..

Malgré tant de *marchandises* (bêtes) plus ou moins malpropres, les habitations sont généralement bien tenues, et, en votre présence, la fermière, accorte, vive, empressée, donnera souvent un dernier coup de balai ou de torchon. Sa gloire est d'avoir des chenets fourbis et de faire reluire les paumelles de son buffet ou de sa grande armoire en bois de guignier ou de merisier, deux meubles qui forment avec la maie le fond de tout mobilier percheron.

Les anciennes mesures de boisseau, de busse, de pipe, de poinçon pour la capacité, de corde pour le bois, d'arpent pour la terre, d'hommée pour les prés, de toises, pieds, pouces et lignes se maintiennent malgré les dénominations du système métrique. « Très minime, au surplus, ajoute M. de Reviers, est l'influence qu'exerce sur l'esprit des enfants l'instruction primaire... On ne se doutera guère dans dix ou vingt ans, que cette génération a eu le bonheur de vivre sous le régime de l'instruction gratuite et obligatoire.

En matière religieuse, l'indifférence plutôt que l'hostilité est la note dominante..... et si le prêtre est assuré de rencontrer partout le respect dû au caractère sacré de son ministère, il n'a pas toujours la consolation de voir son dévouement à ses ouailles récompensé dans la mesure où il mériterait de l'être. »

Les vieilles coutumes tombent en désuétude, le dimanche est moins respecté, mais on reste fidèle à l'usage des pèlerinages qu'on appelle des *voyages*. Sur le terrain indécis où la foi confine à la superstition, on a confiance au *marcoul*, septième garçon d'une famille sans interruption de la lignée mâle. Il *touche* les humeurs froides ; c'est la faute du *sorcier* ou *trainier* si les poules ne *ponnent* (pondent) pas, si le beurre est trop long à se coaguler, si le boudin crève, si les *averrats* (animaux) périssent. L'eau recueillie avant le lever du soleil le jour de la Saint-Jean ne se gâte point, guérit les maux d'yeux et chasse les *vermeyniers* (rats et souris). On soigne une jument, atteinte de tranchées, en la menant au carrefour formé par l'intersection de quatre chemins, surtout s'ils séparent le territoire de quatre communes. Un *foudre* (grand vent subit) annonce qu'un homme est pendu. Une pie attachée par la queue dans les écuries ou une chouette clouée en croix, sur la porte de la grange, sont un talisman contre les sortilèges, surtout si ces volatiles ont été tués pendant les *avents* de Noëls.

Parmi les croyances baroques, il en est une dont

les résultats sont palpables. Nous en empruntons le récit à M. de Maricourt, qui connaît son Perche, que c'est *terrible* (merveilleux). Nous affirmons avoir été témoin de faits absolument semblables.

Un pauvre malade touche à ses derniers moments. Toutes ses affaires sont réglées ici-bas et il espère être prêt pour l'éternité; il ne se sent *point résoud*, à charge aux siens; la vie qui lui a été dure ne le tente plus; il appelle la mort, mais elle ne vient pas.

Pourquoi tarde-t-elle donc ? Eh ! c'est bien simple, comment ne l'a-t-il pas deviné plus tôt ? C'est que son lit est dans une direction parallèle à celle de la poutre qui soutient son humble toit. Il le fait remarquer... et la famille en pleurs prépare aussitôt le cierge que le mourant doit tenir à l'agonie et choisit dans le linge de la maison le drap le plus *chéti* (chétif) pour l'ensevelir. Pendant ce temps, les voisins, des gars *ben feurieux*, *ben groussiers* empoignent le lit de chêne massif ; l'un tire, l'autre pousse, un troisième soulève avec un levier la lourde masse, tous la secouent rudement sur le sol raboteux pour la mettre en croix avec la poutre, ainsi qu'il convient à un lit de mort.

Ces horribles cahots aidant, l'opération a pleinement réussi, le pauvre malade a cessé de souffrir; vite, qu'on se hâte d'aller attacher un morceau d'étoffe de deuil aux ruches du jardin, sinon les abeilles, très mortifiées, vont fuir une maison où elles ne sont plus considérées comme membres de la famille.

Nous avons toujours écouté avec grand plaisir les longs récits que font des moindres épisodes les bons vieux percherons. Leur langue pittoresque, leurs mots imagés donnent une couleur naïve et locale à tout ce qu'ils racontent. Aussi sommes-nous navrés de voir le niveau égalitaire s'étendre peu à peu sur ces vieux souvenirs et ces mœurs séculaires s'effondrer dans la banalité générale.